난 꿈이 없는걸

스콜라 scola_가치 있는 책을 만드는 아름다운 책 학교
(주)위즈덤하우스의 아동·청소년 브랜드입니다.

글 오미경
1965년 충청북도 청원에서 태어났으며, 충북대학교 지리교육과를 졸업했습니다. 1998년 '어린이동산'에 중편동화 《신발귀신나무》가 당선되어 어린이 동화를 쓰기 시작했습니다. 어린 시절 시골에서 자연과 함께 자란 경험이 동화의 밑거름이 되었다고 합니다. 키 작은 풀, 꽃, 돌멩이, 나무, 아이들과 눈 맞춤하며 동화를 쓰는 일이 참 행복하고, 좋은 동화를 쓰고 싶은 욕심이 아주아주 많습니다. 그동안 지은 책으로는 《신발귀신나무》《교환 일기》《금자를 찾아서》《선녀에게 날개옷을 돌려줘》《일기똥 싼 날》《사춘기 가족》《나도 책이 좋아》《뚱뚱해서 싫어?》 등이 있습니다.

그림 이효실
중앙대학교에서 한국화를 전공하고, 영국 킹스턴대학교에서 일러스트레이션을 공부했습니다. 어린이들을 행복하게 만들어 주는 그림을 그리고 싶어서 어린이 책에 그림을 그리기 시작했습니다. 그린 책으로는 《지구 영웅 페트병의 달인》《맨날 내만 갖고 그런다》《내 친구는 외계인》 등이 있습니다.

좋은습관 길러주는 생활동화 20

꿈을. 갖고. 키우게. 도와주는. 책

난 꿈이 없는걸

오미경 글 | 이효실 그림

위즈덤하우스

| 작가의 말 |

귀찬이를 힘찬이로 변신시킨
요술 봉은 무엇일까요?

　우리는 모두 가족이나 친구, 이웃과 함께 어울려 살아요. 이야기도 나누고, 놀기도 하고, 가끔 싸우기도 하지요.
　하루 동안 내가 다른 사람과 나누는 말을 녹음한다면 어떨까요? 무척 재미있을 것 같지 않나요? 내가 가장 많이 하는 말은 무엇일까요?
　'정말? 재미있겠다.' '나도 하고 싶어.' '고마워.' '우아, 신난다!'
　이런 말을 많이 한다고요? 그럼 하루를 즐겁고 활기차게 보내고 있는 거네요. 이런 친구는 곁에 친구도 많고 얼굴에는 늘 웃음이 가득할 거예요.
　그런데 반대로 이런 말을 많이 하는 친구도 있을 거예요.
　'싫어.' '몰라.' '귀찮아!' '맘대로 해.' '어휴, 짜증 나!' '나중에!'
　혹시 이런 말을 많이 한다면, 하루가 지겹고 짜증나지 않을까요? 그리고 친한 친구가 별로 없을지 몰라요. 잘 웃지도 않고 늘 얼굴을 찡그린 채 다니고요.

여러분은 어떤 사람이 되고 싶나요? 무슨 일이든지 재미있게 하고 친구도 많고 언제나 즐거운 사람? 아니면 주변에 친구도 없고 늘 입을 삐죽이며 짜증 내는 사람?

이 이야기의 주인공 은찬이는 뭐든지 귀찮아해서 친구들과 점점 멀어졌어요. 그런데 은찬이가 어느 날부터 갑자기 다른 아이로 변했지 뭐예요? 아침마다 일어나기 싫어 끙끙대고 뭐든지 하기 싫어서 느릿느릿 거북 같았는데, 아침마다 눈을 번쩍 뜨고 토끼처럼 빨라졌어요. 도대체 은찬이에게 무슨 일이 생긴 걸까요? 은찬이에게 요정이 살짝 찾아와 요술 봉을 흔들고 간 걸까요?

궁금하지요? 그러면 지금부터 책장을 넘겨 보세요. 은찬이가 귀찮이에서 힘찬이로 변신하는 모습이 마술처럼 펼쳐질 거예요.

오미경

| 차례 |

작가의 말 귀찬이를 힘찬이로 변신시킨 요술 봉은 무엇일까요? 4

학원 가기 싫어 8

내 꿈은 주차비 받는 사람  14

태풍주의보  25

나은찬이 아니라 나귀찬 37

나은찬 바꾸기 대작전　48

할머니는 은찬이의 수호천사　59

힘찬이로 변신　70

부 록　느림보 은찬이, 활기찬 토끼 되다　82
　　나의 무기력 지수 테스트
　　활기찬 아이로 거듭나는 10가지 습관
　　10년 후에는 어떤 직업이 유망할까?

# 학원 가기 싫어

    은찬이는 피아노 가방을 거실에 휙 집어던지고는 소파에 벌러덩 누웠어요. 조금 있다가 또 영어 학원에 가야 해요. 팔다리의 힘이 쫙 빠졌어요. 피아노 학원에서 들쭉날쭉한 음표들과 씨름했더니 머리가 지끈지끈 아팠어요.

    음표는 모두 바보 멍청이 같아요. 삐뚤빼뚤 줄도 못 맞추고, 한 팔을 삐쭉 내밀고 있지 않나, 어깨동무를 하고 있지 않나, 게다가 물구나무까지…….

 그런데 피아노 선생님은 제멋대로인 음표들을 왜 똑바로 보라는 건지 모르겠어요.
귓속에서 선생님 목소리가 아직도 쟁쟁거렸어요.
"나은찬! 악보를 보면서 쳐야지. 이건 한 박자 반이잖아."
"여기는 반 박자를 쉬고 들어가야지."

"휴우, 나은찬! 그렇게 건성으로 치지 말고 똑바로 좀 쳐."

선생님은 엉망진창 음표는 나무라지 않고 은찬이만 야단쳤어요.

은찬이도 음표와 친해지려 노력하고 싶어요. 피아노 학원을 마친 다음 곧바로 영어 학원만 가지 않아도 말이에요.

은찬이는 소파에 누워 있다가 깜빡 잠이 들었어요. 머리부터 발끝까지 온통 까만 옷을 입은 음표들이 은찬이를 쫓아왔어요.

은찬이는 슈퍼맨처럼 팔을 높이 들고 날아올랐어요. 그러자 음표들도 악마처럼 검은 망토를 휘날리며 날아오지 뭐예요? 이윽고 음표가 은찬이 어깨를 꽉 움켜잡았어요. 으악, 곧 음표들에게 포위되고 말 거예요.

"은찬아! 얼른 영어 학원 가야지."

"싫어! 저리 가. 이거 놔."

은찬이는 눈을 감은 채 머리를 흔들며 외쳤어요.

"은찬아, 일어나! 얘가 낮잠 자면서 꿈까지 꾸네."

은찬이는 눈을 떴어요. 눈앞에 음표가, 아니 엄마가 서 있었어요.

탁자 위에는 먹음직스러운 쿠키와 우유가 놓여 있었어요.

"엄마가 은찬이 좋아하는 쿠키 구웠어. 얼른 이거 먹고 학원 가야지."

은찬이는 맛있는 쿠키를 보고도 입맛이 당기지 않았어요.

"윽, 머리 아파. 엄마, 영어 학원 안 가면 안 돼?"

은찬이가 얼굴을 찌푸리며 말했어요.

"어제는 배가 아프다더니 오늘은 머리야? 괜히 꾀병 부리지 말고 얼른 일어나. 학원 늦겠다."

"진짜란 말이야. 아까 피아노 학원에서부터 아팠다고."

"시원한 우유 마시면 싹 나을걸?"

엄마가 은찬이를 일으켜 세우고는 은찬이 입에 우유 컵을 대 주었어요. 은찬이가 고개를 홱 돌리자 우유가 거실 바닥으로 튀었어요.

"나은찬, 얼른 학원 다녀와. 이젠 네 꾀병에 안 속아!"

엄마 목소리가 높아지며 양 눈썹도 치켜 올라갔어요. 이제 더 떼를 써도 소용없어요. 머릿속에 무시무시한 벌레들이 우글

거리는 것 같은데도 믿지 않으니까요. 꾀병이 아니라 진짜 머리가 아픈데 말이에요.

은찬이는 오리처럼 입을 쑥 내밀고 집을 나섰어요. 달랑 책 한 권과 필통만 든 가방이 바윗덩어리처럼 무거웠어요. 운동화도 쇳덩어리 같았어요.

"은수는 안 그런데 쟤는 누구를 닮아서 저러나 몰라."

현관문 너머로 엄마 목소리가 들렸어요.

걸어가는데 배에서 꼬르륵 소리가 났어요. 그제야 맛있는 쿠키가 머릿속에서 뱅글뱅글 돌았어요. 은찬이는 침을 꼴깍 삼켰어요. 입에서 살살 녹는 쿠키를 먹으며 집에서 편히 쉬면 얼마나 좋을까요? 맛있는 쿠키 생각에 눈물까지 찔끔 나왔어요.

내 꿈은 주차비 받는 사람

"자, 오늘은 우리 반 꿈나무를 만들 거예요."

선생님이 '우리들의 꿈나무'라고 씌어 있는 커다란 종이 판을 보이며 말했어요. 종이 판에는 나뭇잎 하나 없이 가지만 무성한 나무가 서 있었어요.

"먼저 자기 꿈에 대해 발표할 거예요. 그런 다음 선생님이 나뭇잎을 나눠 주면 거기에 자기 꿈을 적으세요. 알았지요?"

"네!"

아이들은 유리창이 부르르 떨리도록 큰 소리로 대답하고는

차례로 발표를 시작했어요.

"저는 바이올리니스트가 되고 싶습니다. 멋진 바이올리니스트가 되어 세계를 여행하며 연주하고 싶습니다. 앞으로 제 꿈을 이루기 위해 음악도 많이 듣고 바이올린 연습도 열심히 하겠습니다."

아름이가 또랑또랑한 목소리로 말했어요.

"저는 친절하고 멋진 치과 의사가 되고 싶습니다. 치과 의사인 아빠가 멋지고 훌륭해

보이기 때문입니다."

반장 오준서도 씩씩하게 발표했어요.

"저는 개그맨이 되고 싶습니다. 개그맨이 돼서 인기도 많이 얻고 돈도 많이 벌고 싶습니다."

성태는 몸을 우스꽝스럽게 흔들면서 교실이 떠나가게 소리를 질러 웃음바다를 만들었어요.

아이들은 꿈이 참 많았어요. 비행사, 프로게이머, 축구 선수, 가수, 제빵사……. 꿈이 여러 개여서 그중 무엇을 골라야 할지

고민하는 아이도 있었어요. 은찬이는 도무지 되고 싶은 게 하나도 없는데 말이에요.

드디어 은찬이 차례예요.

"저는 꿈이 없어요."

은찬이 말에 선생님과 친구들 눈이 휘둥그레졌어요. 지금까지 꿈이 없다는 아이는 한 명도 없었거든요.

"은찬아, 잘 생각해 봐. 좋아하는 게 하나는 있을 거야."

"그냥 다 귀찮아요. 아무것도 하고 싶지 않아요."

은찬이 말에 아이들이 웃음을 터뜨렸어요.

"그럼 지금부터라도 내가 뭘 좋아하나 잘 생각해 보고 꿈을 가지세요."

발표가 모두 끝나자 아이들은 종이 나뭇잎에 자신의 꿈을 수놓았어요. '나의 꿈'과 '꿈을 이루기 위해 노력할 것들'로 말이에요. 선생님이 아이들의 꿈이 담긴 나뭇잎을 종이 판에 붙여 주었어요.

은찬이는 빈 나뭇잎을 그냥 내려다 '주차비 받는 사람'과 '숫

자 계산 잘하기'라고 적었어요. 백화점이나 영화관 같은 데서 주차비를 받는 사람은 움직이지 않아도 되니까 덜 귀찮을 것 같았거든요.

선생님은 은찬이가 내민 나뭇잎을 보더니 얼굴을 찡그리며 고개를 저었어요.

영어 학원에서 돌아온 은찬이가 집에 들어서자 고소한 냄새가 솔솔 풍겼어요. 킁킁, 은찬이는 코를 벌름거렸어요.

'이건 김밥 냄새야!'

은찬이의 코 탐지기는 한 번도 빗나간 적이 없어요. 식탁 위에는 정말 김밥 재료들이 줄 맞춰 있었고, 참기름에 비빈 고두밥도 놓여 있었어요. 그때 엄마의 목소리가 들렸어요.

"은수는 안 그런데 은찬이는 누구를 닮아 그런지 모르겠어. 어휴, 정말 속상해! 뭐든지 다 귀찮고 하기 싫대. 툭하면 머리 아프다, 배 아프다 핑계나 대고."

엄마는 안방에서 통화를 하고 있었어요. 보나마나 상대는 아

름이 엄마일 거예요.

　유치원에 다닐 때 은찬이와 아름이는 둘도 없는 단짝이었어요. 선생님과 친구들이 신랑 신부라고 놀릴 정도로요. 유치원에서 첫 캠프를 떠나던 날, 엄마랑 떨어지기 싫다며 훌쩍훌쩍 울던 은찬이는 아름이를 보자마자 울음을 뚝 그쳤대요. 울음만 그친 게 아니라 글쎄 방긋 웃기까지 했대요. 아름이 엄마는 요즘도 그 얘기를 하면서 놀려요.

　학교에 들어가 같은 반이 된 뒤로 엄마들끼리 더욱 친해졌어

요. 그런데 은찬이와 아름이는 그 반대였어요. 그건 다 고자질 쟁이 한아름 때문이에요.

"너, 오늘 숙제 안 해서 야단맞았다며?"

"넌 밥 먹는 거며 글씨 쓰는 거며 뭐든지 다 느려서 별명이 거북이라며?"

"아름이는 칭찬 스티커가 꼭대기까지 다 찼는데, 넌 아직도 땅바닥을 기니?"

아름이, 아름이, 아름이! 은찬이는 아름이 이름만 들어도 머리가 아팠어요.

집에서는 어떻고요? 늘 은수 누나랑 비교당한다고요.

"누나는 욕심이 많은데 넌 왜 그렇게 욕심이 없니?"

"누나는 뭐든지 잘하려고 눈이 반짝반짝하는데 넌……."

한아름, 은수 누나! 둘 다 지구 밖으로 사라지면 좋겠어요.

그래도 알록달록한 김밥 재료를 보니 은찬이의 가슴이 마구 뛰었어요. 노란색 계란 지단과 단무지, 주황색 당근, 초록색 시금치, 분홍빛 햄, 갈색 우엉!

은찬이는 김발 위에 김을 올려놓고 주걱으로 밥을 떠 펼쳤어요. 그리고 속 재료를 차례로 올렸지요. 여기까진 좋았어요. 그런데 마는 건 생각처럼 잘 되지 않았어요. 삐죽빼죽, 울퉁불퉁!

'이번에는 좀 특별한 걸 만들어 볼까? 음…… 좋아, 태극 김밥 준비!'

은찬이는 밥을 펼친 다음 당근과 시금치를 모두 넣었어요. 그리고 도르르 만 뒤 칼로 조심조심 썰었어요. 야채가 한쪽으로 몰려 정확하진 않지만 태극과 비슷한 무늬가 나왔어요.

"우아, 태극 김밥 성공!"

"얘가 지금 뭐하는 거야?"
엄마가 방에서 나오며 소리쳤어요.
"엄마, 이것 봐! 잘 만들었지?"
은찬이가 자랑스럽게 태극 모양 김밥을 들어 보였어요.
"내가 못 살아! 당근이랑 시금치를 한꺼번에 다 넣으면 어떻게 해?"

"태극 김밥 만들고 싶어서……."

"시끄러워! 너, 꿈이 뭐, 주차비 받는 사람? 내가 너 때문에 창피해서 못 살겠어. 엄마 아빠가 너 주차비 받는 사람 만들려고 비싼 학원 보내고 공부시키는 줄 알아?"

엄마는 소리를 꽥 질렀어요.

오늘 학교 일을 엄마가 벌써 알고 있다니! 한아름이 또 쫑알쫑알 다 일러바쳤겠지요.

 태풍주의보

학교는 5월 가정의 달을 맞아 학예회 준비로 시끌시끌했어요. 은찬이는 귀찮게 이런 걸 왜 하는지 도무지 이해할 수 없었어요. 집에서도 친척들이 모이기만 하면 피아노를 쳐 봐라, 노래를 해 봐라, 춤을 춰 봐라, 귀찮게 하는데 말이에요. 왜 어른들은 맨날 아이들을 달달 볶는 걸까요?

"여러분! 학예회 때 뭘 할지 아직 정하지 않은 사람은 오늘까지 꼭 정하세요."

은찬이의 입에서 한숨이 푹 새 나왔어요. 하고 싶은 게 하나

도 없었거든요.

짝꿍 김샛별은 발레를 할 거라며 뽐냈고, 반장 오준서는 마술을 선보이겠다며 으스댔어요. 한아름은 바이올린을 연주할 거라며 꿈에 부풀었고요.

어제 저녁, 아름이 엄마한테 학예회 이야기를 들은 엄마가 한껏 들떠 이야기했어요.

"아름이는 바이올린 켜고 넌 피아노 치면 되겠네. 이번 기회에 네 실력을 보여 주는 거야. 한아름과 나은찬의 이중주! 멋지지 않니?"

엄마 얼굴에는 달콤한 꿈을 꾸는 듯 행복한 미소가 넘쳤어요.

"싫어! 피아노 안 칠 거야."

엄마가 두 눈을 동그랗게 뜨고 물었어요.

"아니, 왜? 피아노와 바이올린 이중주, 얼마나 멋있어! 네가 피아노를 멋지게 치면 선생님이랑 애들이 널 보는 눈이 확 달라질걸?"

"피아노 치기 싫어. 한아름이랑 같이 하는 것도 싫고."

"그럼 영어로 구연동화 할래? 학원 선생님께 도와달라고 부탁드리면 되잖아."

"싫어!"

"넌 어떻게 된 게 뭐든지 다 싫대? 그럼 네가 하고 싶은 게 도대체 뭐야, 응?"

엄마는 양손을 허리에 올리고 목소리를 높였어요. 다음 두 번째 단계, 손을 마구 휘저으며 잔소리 퍼붓기. 그리고 마지막에는 양손으로 머리 감싸 쥐며 소리 지르기!

"하든지 말든지 네 맘대로 해! 아이고, 머리야!"

처음에는 맘대로 하라는 엄마 말을 그대로 믿었지만 이젠 아니에요. 나중에 결국 엄마 맘대로 결정하니까요.

"피아노나 영어 구연동화 중에 하나 해! 알았지?"

오늘 아침에도 엄마는 다시 못 박듯 말했어요.

학예회 때 발표할 것을 정하지 못한 사람은 모두 네 명이었어요. 물론 은찬이도 끼어 있었지요. 선생님은 네 아이를 불러 다짜고짜 말했어요.

"너희 네 명은 함께 리코더를 연주하렴."

리코더를 부는 게 썩 마음에 들지 않았지만 아무려면 어때요? 어차피 아무거나 해서 순서만 때우면 그만인걸요. 그런데 문제는 아들을 돋보이게 하고 싶은 엄마예요.

리코더 부는 걸 알고 나서 단풍잎처럼 붉게 변할 엄마 얼굴이 떠올랐어요. 귀를 때리는 따가운 목소리도! 눈앞에 높은 장애물이 놓인 것 같았어요.

"한아름, 나 리코더 부는 거 너희 엄마한테 얘기하지 마. 비밀이야, 알았지?"

"왜 비밀인데? 얘기하든 말든 내 맘이다, 뭐!"

아름이는 고개를 쳐들며 새침하게 말했어요.

"맘대로 해! 그럼 나도 너 반장 선거에 나가지 않은 거 다 얘기할 거니까."

"넌 치사하게 맨날 그 얘기냐? 알았어. 얘기 안 한다, 안 해!"

아름이가 금방 꼬리를 내렸어요.

반장 선거에 나가기로 했다가 포기한 건 은찬이가 꽉 잡은

아름이 약점이에요. 아름이는 여자 남자 할 것 없이 아이들한테 인기가 많은 준서를 이길 자신이 도무지 없었거든요. 그런데 아름이 엄마는 지금도 아름이가 선거에 나갔다가 떨어진 걸로 알고 있어요. 은찬이가 비밀을 지킨 덕분이지요.

어차피 학예회 날이 되면 다 들통 날 거예요. 그렇지만 그때까지만이라도 비밀로 하고 싶었어요. 만약 엄마가 이 사실을 알면 당장 쫓아와 바꾸고 말 테니까요.

은찬이가 학교에서 돌아오자마자 엄마가 물었어요.

"학예회 때 뭐 하기로 했어? 영어 구연동화 한다고 했어?"

은찬이는 고개를 저었어요.

"그럼 피아노 치기로 했구나? 잘했어, 우리 아들!"

은찬이가 아무 말도 하지 않았는데 엄마는 피아노를 칠 것이라고 철석같이 믿어 버렸어요.

시골에 계신 할머니가 무릎 수술로 입원하지 않았다면 벌써 거짓말을 들켰을 거예요. 엄마가 틀림없이 아름이랑 연습하라고 들들 볶았을 테니까요. 그런데 병간호하느라 바빠서 연습을 잘하고 있는지만 가끔 물을 뿐이었어요. 물론 은찬이는 그때마다 대충 얼버무렸고요.

드디어 학예회 날!

"호호, 나은찬! 겨우 리코더 불면서 엄청 힘주고 왔네? 양복에, 나비넥타이에, 머리까지. 보행기 타는데 무릎 보호대 차고 헬멧 쓴 꼴이잖아."

아름이가 은찬이를 보자마자 까르르 웃었어요. 누구는 이렇게 입고 싶어서 입은 줄 아나? 아침에 30분도 넘게 엄마와 실랑이했지만 엄마를 이길 순 없었다고요.

"조금만 지나면 옷이 작아져서 입고 싶어도 못 입어. 이런 날 안 입으면 언제 입니? 잔말 말고 얼른 입고 가!"

'피아노를 치는 게 아니라 리코더를 분단 말이에요.'

몇 번이나 이 말이 목구멍까지 올라왔다 쏙 들어갔어요.

엄마는 연예인처럼 멋지게 차려입고 잔뜩 기대에 부풀어 학교에 왔어요. 두근두근, 콩닥콩닥, 쿵쿵! 은찬이 가슴속에서는 벌써 연주가 시작되었어요.

잠시 뒤 깜짝 놀란 엄마의 목소리가 들려왔어요.

"어? 선생님! 순서지에 잘못 적혀 있네요. 우리 은찬이, 피아노를 연주하는데 리코더 합주라고요."

마침내 올 것이 오고야 말았어요. 은찬이는 투명 인간이 되어 교실에서 사라지고 싶었어요.

"어머님, 잘못 아신 것 같은데 리코더 합주가 맞아요. 은찬이가 하고 싶은 게 없다고 해서……."

"네? 어머! 아, 예……."

엄마 얼굴은 보나마나 붉으락푸르락 달아올랐을 거예요.

'이크! 에크!' 구령도 동작도 재미있는 택견, 여럿이 우렁차게 기합을 넣으며 선보인 태권도 격파 시범, 아름이의 바이올린 연주, 준서의 마술쇼……. 아이들이 발표를 마칠 때마다 엄마들의 웃음소리와 박수가 터져 나왔어요.

드디어 끝에서 두 번째인 리코더 합주 차례! 무대에서 인사를 하고 고개를 들 때였어요. 엄마와 은찬이의 눈이 딱 마주치고 말았어요. 엄마의 눈에서 레이저 광선이 쏟아졌어요.

은찬이는 엄마 눈빛에 그만 얼음이 되었어요. 손가락이 딱딱하게 얼어 두 번이나 음을 틀리고 말았지요.

합주가 끝나자마자 엄마는 찬바람을 쌩 일으키며 교실 밖으로 나갔어요.

태풍주의보! 엄마 얼굴에 씌어 있는 일기예보예요. 아, 무시무시한 태풍을 어떻게 감당하지요? 은찬이는 눈앞이 캄캄했어요.

"어휴, 망신스러워! 돈 들여서 피아노 가르치고, 영어 가르쳐 놓으니까 리코더가 뭐야? 아름이는 바이올린에, 연극에, 춤에

몇 가지를 하더라. 넌 무슨 애가 그렇게 욕심이 없니? 어휴, 속상해. 정말!"

집에 돌아오니 엄마 목소리가 아파트 지붕을 뚫고 하늘까지 올라갈 것 같아요.

'나보다 피아노 잘 치는 애들이 얼마나 많은데……. 구연동화를 우리말로 해도 덜덜 떨릴 텐데 영어로 어떻게 하라고? 아름이는 아름이고 나는 난데, 왜 맨날 아름이랑 비교해?'

은찬이도 할 말이 많았는데 눈물만 펑펑 쏟아졌어요.

나은찬이 아니라 나귀찬

　일요일, 은찬이가 거실에서 뒹굴뒹굴하며 텔레비전을 보고 있었어요. 손에는 태극기를 다는 깃대를 들고서요. 리모컨이 고장 나 소파에서 텔레비전까지 오가는 게 귀찮았거든요. 그래서 긴 깃대를 뻗어 채널 단추를 눌렀지요.

　아빠가 은찬이 손에서 깃대를 뺏어 들며 말했어요.

　"은찬아, 텔레비전 그만 보고 아빠랑 배드민턴 치러 나가자."

　"싫어요. 더워요."

　"그럼 자전거 탈까? 자전거 타고 호숫가를 달리면 시원할 거야, 응?"

"싫어요."

아빠는 화를 참는 듯 숨을 깊게 들이마셨어요.

"그럼 수영장 갈래? 너 어렸을 때 수영장 가는 거 좋아했잖아. 아빠가 수영 가르쳐 줄게."

"싫어요. 귀찮아요!"

결국 부드럽던 아빠 목소리가 거칠어졌어요.

"넌 어떻게 된 게 뭐든지 다 귀찮고 싫대? 하루 종일 뒹굴뒹굴, 네가 굼벵이야?"

일요일 하루라도 편히 쉬면 안 되나요? 토요일에도 미술 학원에, 숙제에, 학습지 등등 쉴 틈이 없었단 말이에요.

"그럼 답답하게 집에만 있지 말고 바람 쐬러 가자. 맛있는 거 사 줄게."

"이야! 아빠, 돈가스 먹고 싶어요. 돈가스 사 줘요."

옆에 있던 은수 누나가 기다렸다는 듯 말했어요.

"나은찬! 얼른 씻고 옷 입어. 나가자."

아빠가 조금 누그러진 목소리로 말했어요.

"귀찮아요! 그냥 집에 있을래요."

은찬이는 맛있는 거 사 준다는 말에 살짝 흔들렸지만 움직이는 게 귀찮았어요.

"야, 나은찬! 남자답게 좀 씩씩하고 활발할 수 없니? 그렇게 의욕이 없어서 나중에 뭔 일을 하겠어?"

아빠 목소리가 다시 높아졌어요.

"야, 나귀찬! 얼른 일어나. 너 때문에 맛있는 거 날아가게 생겼잖아."

누나도 짜증을 냈어요.

잘못하다가는 누나와 엄마한테까지 엄청난 잔소리를 들을 것 같아요. 그러면 집이 이글루로 변해 버리겠지요? 에스키모가 사는 얼음집 말이에요.

은찬이는 하는 수 없이 일어나 씻고 옷을 갈아입었어요.

아빠가 자동차의 시동을 걸며 물었어요.

"은찬이, 가고 싶은 데 없어?"

"없어요."

은찬이가 입을 쭉 내밀고 말했어요. 거울에 비친 아빠의 검은 눈썹이 꿈틀했어요. 화를 참고 있다는 신호예요.

"그럼 먹고 싶은 건?"

"없어요."

아빠의 눈썹이 다시 한 번 꿈틀하더니 결국 폭발했어요. 아빠는 소리를 냅다 질렀어요.

"넌 없다, 싫다, 귀찮다, 이 세 마디밖에 할 줄 몰라?"

"아빠! 호수 공원 갔다가 공원 옆에 있는 레스토랑 가요."

은수 누나가 얼른 은찬이 대신 대답했어요.

호수 공원에는 사람이 무척 많았어요. 호수 한가운데 있는 분수를 구경하는 사람들은 모두 즐거워 보였어요. 은찬이만 빼고 말이에요.

호수에는 잉어도 아주 많았어요. 은수 누나가 과자 부스러기를 던지자 잉어가 개미 떼처럼 몰려들었어요. 누나는 재미있는지 장소를 옮겨 다니며 과자를 뿌렸어요.

은찬이는 분수도, 잉어도 다 시큰둥했어요. 땅바닥만 보며 구름다리를 걷고 있을 때였어요.

"야, 나은찬! 걷는 게 그게 뭐야? 어깨 좀 활짝 펴고 남자답게 걸어 봐."

갑자기 뒤에서 아빠 목소리가 들렸어요. 몹시 못마땅한 말투였어요.

아빠 말에 은찬이 어깨가 더 구부러졌어요. 다리도 힘이 빠져 흐느적거렸고요. 뒤에서 아빠가 혀 차는 소리가 들렸어요.

점심때가 되어 호숫가 레스토랑에 갔어요. 은찬이는 창가 자리에 앉자 기분이 조금 나아졌어요.

가장 먼저 빵과 크림 수프가 나왔어요. 수프는 색깔도 뿌옇고 맛도 밍밍했어요.

은찬이는 갈색 빵 껍질을 벗긴 다음 수프 위에 띄워 나무 기둥을 만들었어요. 그리고 샐러드에 든 브로콜리와 방울토마토

같은 야채로 나뭇잎을 꾸몄지요. 예쁜 나무가 있으니 이제야 수프가 산뜻하고 먹음직스러워 보였어요.

"음식 갖고 무슨 짓이야? 장난치지 말고 얼른 먹기나 해."

아빠가 은찬이를 쏘아보며 말했어요. 엄마도 한마디 거들었어요.

"은찬이 너, 자꾸 아빠 눈에 거슬리게 할래?"

"야, 나귀찬! 넌 뭐든지 다 귀찮아하면서 그건 안 귀찮니?"

누나까지! 지금 은찬이 편은 한 명도 없어요.

은찬이 편은 딱 한 사람, 할머니뿐이에요. 할머니는 엄마와 아빠에게는 호랑이 같지만, 은찬이에게는 단 하나뿐인 수호천사예요.

"어머, 예쁘다! 아드님 솜씨가 좋네요."

음식을 가져온 누나가 방긋 웃으며 말했어요. 드디어 은찬이 편이 나타났어요.

은찬이 눈에는 그 누나가 연예인보다 더 예쁘고 착해 보였어요. 웃을 때 살짝 드러난 덧니도 예뻐 보였지요. 누나는 은찬이랑 눈이 마주치자 살짝 윙크도 해 주었어요.

은찬이는 기분이 좋아져 수프를 한 숟가락 떠먹었어요. 아, 환상적인 맛! 밍밍하던 수프가 고소하고 상큼해졌어요. 백숙이 치킨으로 변한 것만큼 아주 놀라웠죠.

은찬이는 수프에 이름도 붙였어요. 울트라 짱 콤보 수프! 수프 하나에 빵과 야채, 과일이 몽땅 담겨 있는데다 맛도 최고니까요.

은찬이는 수프를 먹으며 달콤한 생각에 빠졌어요.

'아까 그 누나랑 결혼해서 레스토랑을 여는 거야.'

나이 차이가 많이 나는 게 조금 걸리긴 했지만, 뭐 어때요? 서로 좋아하면 그만이지요.

'난 주방에서 직접 콤보 수프랑 콤보 스테이크를 만들어야지. 스테이크 하나에 세 가지 맛이 나도록 만들 거야. 스테이크 안에 햄, 치즈, 김치를 함께 넣고 돌돌 말아 튀겨야지.'

생각만 해도 군침이 살살 돌았어요.

'레스토랑은 소문을 듣고 찾아온 손님들로 바글바글하겠지?

그러면 2호점, 3호점, 4호점…… 계속해서 가게를 늘려야지. 한 달에 하나씩 새로운 메뉴를 선보일 거야.'

그러면 매번 새로운 음식 맛에 사람들이 깜짝 놀라겠지요?

'외국인에게도 소문이 퍼져 외국까지 분점을 내는 거야. 두둥, 세계적인 레스토랑 탄생! 나중에는 세계적인 요리사가 돼서 제자들을 길러 내야지.'

은찬이는 칼과 포크를 든 채 즐거운 상상에 빠졌어요. 생각만 해도 기분이 좋아 웃음이 실실 새 나왔어요.

"야, 나귀찬! 너 안 먹고 뭐해? 이거 몇 개야?"

은수 누나가 손가락 세 개를 펴고는 눈을 동그랗게 뜨고 물었어요.

"두 개!"

누나가 검지를 펴 머리 옆에서 빙빙 돌렸어요. 머리가 이상해진 것 아니냐는 뜻이었지요.

"쯧쯧!"

아빠는 은찬이가 못마땅한 듯 혀를 찼어요.

나은찬 바꾸기 대작전

　학교가 끝나고 집으로 돌아오는 길이었어요. 놀이터를 지나 등나무 정자 옆을 지나는데 엄마 목소리가 들렸어요. 쥐똥나무 울타리에 가려 얼굴이 보이지 않았지만 엄마 목소리가 틀림없어요.

　"아름이는 욕심 많고 활발해서 얼마나 좋아? 우리 은수는 안 그런데 은찬인 왜 그런지 모르겠어. 뭐든지 다 귀찮고 하기 싫대. 뭔가 대책을 세워야지 안 되겠어."

　"아무래도 나은찬 바꾸기 대작전이라도 펼쳐야겠군? 은찬이

엄마, 나도 도울게."

"나은찬 바꾸기 대작전?"

"응. 이렇게 하는 건 어때?"

뭔가 소곤거리는 아름이 엄마 말 뒤에 엄마 목소리가 들렸어요.

"아름이 엄마, 이렇게 계속 도와줘. 혹시 알아? 우리 은찬이 나중에 잘되면 은찬이랑 아름이랑……. 호호호! 생각만 해도 재미있네."

은찬이는 엄마 눈에 띄지 않게 얼른 그곳을 지나쳤어요. 나은찬 바꾸기 대작전이라고요? 또 무슨 귀찮은 일을 꾸미려는 걸까요?

어떤 작전인지 모르지만 왠지 엄청 귀찮아질 거라는 느낌이 들었어요. 그냥 가만히 내버려 두면 안 될까요? 왜 자꾸 귀찮게 하는 거지요?

다음 날, 드디어 작전 하나가 드러났어요.

엄마가 학교에서 돌아온 은찬이를 보자마자 활짝 웃으며 말

했어요.

"은찬아! 엄마가 오늘 태권도 학원 등록하고 왔어. 남자라면 운동 하나쯤 해야 돼. 그래야 씩씩해지고 자기 몸도 지킬 수 있지. 안 그래?"

은찬이는 엄마 말에 한숨부터 나왔어요.

"휴……, 싫어! 안 해. 지금 하는 것만 해도 힘들어 죽겠단 말이야."

"이게 다 널 위한 거야. 좀 힘들어도 하다 보면 재미있을 거야. 활기도 생기고."

"싫어. 그렇게 좋으면 엄마나 실컷 다녀!"

은찬이는 화가 나 가방을 집어 던졌어요. 그러자 엄마의 말투가 차갑게 변했어요.

"나은찬, 여러 말 말고 다녀. 저녁 일곱 시야. 요즘 아빠가 너 벼르고 있는 거 알지? 괜히 매 부르지 말고 알아서 해!"

모든 게 이런 식이에요. 은찬이 생각은 묻지도 않고 결정한 다음 밀어붙이지요. 은찬이가 아무리 밥을 안 먹고 울며 떼를 써도 엄마는 목표를 이루고 말아요.

 은찬이는 영어 학원에서 돌아오자마자 방으로 들어갔어요. 가방을 던져 놓고 침대에 엎드렸어요. 엄마가 청포도를 먹으라며 책상 위에 놓고 나갔어요. 은찬이가 제일 좋아하는 과일이지만 지금은 거들떠보기도 싫어요.

 참으려 애썼는데 눈물이 주르륵 흘렀어요. 은찬이는 울다 깜빡 잠이 들었어요.

 "나은찬! 얼른 일어나. 빨리 저녁 먹고 태권도 가야지."

 은찬이가 꼼짝도 하지 않자 엄마는 은찬이를 억지로 일으켜 세웠어요. 그러고는 청포도 한 알을 따 얼른 입에 넣어 주며 말했어요.

 "운동을 안 하니까 이렇게 비실비실하잖아. 태권도 하면 모든 게 좋아질 거야. 엄마 말만 믿어."

 은찬이는 수박씨를 뱉듯이 청포도를 툭 뱉어 냈어요. 입에서 나온 청포도가 벽에 부딪쳐 방바닥에 떼구루루 굴렀어요.

태권도를 시작한 지 한 달이 지났어요.

은찬이가 화장실에 가려는데 안방에서 아빠 목소리가 들렸어요.

"은찬이 녀석, 갈수록 나아지는 게 아니라 어떻게 갈수록 심해져? 사내 녀석이 어깨는 축 늘어져서 땅에 닿으려 하고. 내 참 속이 터져서……."

"글쎄 말이야. 태권도를 시키면 좀 나아질까 했더니……. 다른 방법을 써 봐야겠어."

휴! 땅이 꺼져라 한숨이 나왔어요. 이젠 또 무슨 학원을 보내려는 걸까요?

은찬이는 오줌을 누고 물을 내렸어요. 콰르르, 쪼르르륵! 변기 구멍으로 사라지는 오줌을 보면서 은찬이는 생각했어요.

'아, 나도 어디로 사라져 버리고 싶어.'

다음 날 새벽, 아빠가 곤히 잠든 은찬이를 흔들어 깨웠어요.

"은찬아, 일어나! 아빠랑 자전거 타러 가자."

은찬이는 눈을 겨우 뜨고 시계를 보았어요. 시곗바늘은 여섯 시를 가리키고 있었어요.

"싫어요! 졸리단 말이에요."

은찬이는 이불을 머리 끝까지 뒤집어썼어요.

"나은찬, 얼른 일어나! 오늘부터 새벽마다 아빠랑 자전거 타는 거야."

아빠가 이불을 홱 젖히면서 큰 소리로 말했어요. 은찬이 눈에서 눈물이 뚝 떨어졌어요.

"당장 눈물 닦아! 사내 녀석이 툭 하면 눈물이나 질질 짜고……. 얼른 옷 갈아입고 나와!"

두 번째 작전은 바로 새벽에 자전거 타기였어요. 은찬이는 새벽마다 오늘 같은 일이 벌어질 걸 생각하니 눈앞이 캄캄했어요. 갈수록 태산! 아니, 이건 갈수록 지옥이에요.

자전거 바퀴를 돌리는 게 지구를 굴리는 것처럼 힘들었어요.

"좀 힘차게 페달을 밟아. 어깨랑 허리를 펴고, 다리에 힘을 줘야지!"

아빠는 답답한 듯 목소리에 힘을 주며 말했어요.

까치내 끝에 있는 체육공원까지 다녀오니 딱 한 시간이 걸렸어요. 은찬이는 집에 들어오자마자 침대 위에 엎어졌어요.

"얼른 찬물로 샤워해. 그럼 기운이 솟을 거야. 그리고 내일부터는 갔다가 돌아오는 시간을 조금씩 줄이자."

시간을 줄이자고요? 지금도 힘이 들어 죽을 것 같은데……. 자전거와 함께 쓰러져 기절하면 아빠가 알까요? 잠도 제대로 못 자고 억지로 끌려 나가 자전거를 타는 게 얼마나 힘든지 말이에요.

옷 벗을 기운도 없는 은찬이는 겨우 씻고 식탁에 앉았어요.

엄마는 뭐가 좋은지 방실방실 웃었어요.

"엄마가 우리 은찬이 좋아하는 마파두부랑 꽁치 조림 만들었어. 운동해서 밥맛이 좋을 거야. 얼른 먹어."

운동해서 밥맛이 좋기는커녕 숟가락 들 힘도 없어요.

밥을 먹은 다음 책가방을 메고 나가려는데 아빠가 불렀어요.

"자, 모두 모여 봐. 오늘부터 아침마다 구호를 힘차게 외치고 하루를 시작하자!"

이건 또 뭐지요? 아침마다 구호를 외친다고요? 집이 군대인가요?

"자, 아빠를 따라 한다. 밝은 내일을 향하여 오늘도 힘차게!"

아빠가 왼손을 높이 올리며 군인처럼 우렁차게 외쳤어요. 엄마는 여전사처럼 큰 소리로 따라 하고, 누나는 킥킥 웃으며 따라 했어요. 은찬이는 입만 옴쭉거렸지요.

"나은찬, 큰 소리로 따라 해! 밝은 내일을 향하여 오늘도 힘차게!"

아빠의 목소리가 처음보다 더 크게 쩌렁쩌렁 울렸어요.

앞으로 또 어떤 일이 벌어질까요? 은찬이는 앞길이 막막하기만 했어요.

# 할머니는 은찬이의 수호천사

은찬이는 쉬는 시간마다 책상에 엎드렸어요. 수업 중에도 졸음이 쏟아져 선생님 말이 귀에 들어오지 않았거든요.

"야, 나귀찬! 너 어젯밤에 뭐했기에 하루 종일 비실거려? 밤새 컴퓨터 게임 한 거 아냐?"

아름이가 눈을 가늘게 뜨며 물었어요. 은찬이는 말대꾸하기도 귀찮아 눈을 한 번 흘기고 말았어요. 컴퓨터 게임을 귀찮게 왜 해요? 그럴 시간 있으면 잠을 자든지 텔레비전을 봐야지요.

아이들은 점점 꼼짝 않는 은찬이를 그림자처럼 취급했어요.

이제 같이 축구하자는 친구도 없어요. 대신 별명만 늘어났지요. 귀찮이, 나무늘보, 굼벵이, 거북, 꿈틀이, 투명 인간, 유령…….

은찬이도 처음에는 아이들이 자기를 투명 인간 취급하는 게 좋았어요. 그 편이 귀찮지 않으니까요. 그런데 혼자 밥을 먹으니까 점점 밥맛이 없었어요. 그러더니 체육 시간이나 음악 시간에 짝지어 활동할 때 애들이 은찬이랑 짝 되는 걸 피하지 뭐예요. 모둠 활동을 할 때도 마찬가지고요. 은찬이는 점점 외계인이 되는 기분이었어요.

새벽 자전거 타기는 삼 일 만에 실패했어요.

"너를 깨워 자전거를 타느니 동물원에서 곰을 데려다 태우는 게 낫겠다!"

아빠는 고개를 절레절레 흔들며 두 손을 들었어요.

물론 나은찬 바꾸기 대작전이 이대로 끝날 리 없죠. 그 뒤에도 엄마 아빠는 여러 방법을 시도했어요. 큰 것부터 작은 것까지 끝도 없이 이어졌지요.

새벽에 경쾌한 노래를 크게 틀고 다 함께 체조하기, 무엇이

든지 스스로 '하고 싶다'라고 하면 용돈 주기, '싫어!' '귀찮아!'라고 말할 때마다 천 원씩 용돈 깎기…….

그러나 모두 실패했어요. 은찬이는 여전히 뭐든지 하기 싫고 움직이는 게 귀찮았어요. 학원 갈 때만 빼고는 집에서 뭉그적뭉그적, 뒹굴뒹굴! 숙제랑 일기 쓰기도 미루고 미루다 자기 전에야 꾸물꾸물 겨우 했지요.

열정적으로 나은찬 바꾸기 대작전을 펼치던 부모님도 결국 두 손을 들고 말았어요.

여름방학 하루 전, 학교에서 축 처진 어깨로 돌아오는데 집에 할머니가 계셨어요. 다음 날 고모할머니의 딸 결혼식에 가려고 오셨대요.

"어이구, 내 새끼! 학교 갔다 왔냐?"

할머니는 맨발로 현관까지 달려와 은찬이를 안았어요.

"할머니!"

은찬이는 할머니를 보고 반가워 펄쩍펄쩍 뛰었어요. 할머니

는 언제나 은찬이 편이거든요.

"아니, 우리 강아지, 어쩨 이리 얼굴이 상했냐? 달덩이마냥 포동포동하던 얼굴은 다 어디 가고 이 모양이 된 겨? 비쩍 마르고 기운도 하나 없고. 어디 아픈 겨?"

할머니는 눈이 휘둥그레져 은찬이 몸을 구석구석 살폈어요.

"에미야! 이게 어찌 된 일이여, 응? 애가 왜 이 모양이 된 겨?"

"그게…… 애가 밥도 잘 안 먹고, 학년이 올라가니까 할 일도 많아지고 그래서……."

엄마는 잘못을 저지르고 선생님한테 불려 온 학생처럼 대답했어요.

"이제 겨우 3학년인데 뭐가 그리 할 일이 많아? 너, 테레비에 나오는 극성 엄마처럼 여기저기 학원 보내며 애 잡는 거 아녀?"

할머니 목소리가 높아졌어요.

"맞아요, 할머니! 태권도, 영어, 피아노, 미술, 수학, 학습지 다섯 개…… 쉴 틈이 없다고요."

은찬이가 울먹이며 말했어요. 오랫동안 악마의 소굴에 갇혀 있다 풀려난 기분이었거든요.

"어머님, 요즘에는 다 그렇게 해요. 그렇게 안 하면 다른 애들한테 뒤처져서 못 따라……."

"시끄럽다! 애가 꼴이 이래서야 공부는 제대로 되겠냐? 공부는 그렇다 치고 제대로 크기나 하겠냐 말이여!"

엄마는 단단히 화가 난 할머니 앞에서 입도 뻥긋 못하고 쩔

쩔맸어요.

퇴근한 아빠에게도 곧장 불호령이 떨어졌어요. 할머니가 한 번 화나면 엄마 아빠도 꼼짝 못하거든요.

저녁을 먹은 뒤 할머니가 폭탄선언을 했어요.

"너희에게 맡겼다가는 애 망치겠다! 내일 은찬이 시골로 데려갈 테니 그리 알아라!"

"어머님, 은찬이 학원은 어떻게……."

할머니는 엄마가 말을 끝내기도 전에 소리를 버럭 질렀어요.

"그놈의 학원 때문에 애가 이 꼴이 됐는데도 학원 소리가 입에서 나오냐?"

엄마는 어떻게 해 보라는 듯이 아빠에게 눈짓했어요. 하지만 아빠도 뭐라 거들지 못했어요. 어차피 할머니의 황소고집을 꺾을 수 없을 테니까요. 할머니 손에 든 회초리를 뺏으려다 잘못했다가는 몽둥이를 들게 할 수 있거든요.

다음 날, 결혼식이 끝나고 은찬이는 할머니와 함께 시골로 내려갔어요.

야호, 해방이에요! 은찬이는 날아갈 것만 같았어요. 이런 날이 오다니요!

"은찬아, 할미가 밭에 가서 우리 은찬이 좋아하는 옥수수 따 올게."

할머니는 햇빛 가리개가 목덜미까지 늘어진 모자를 쓰며 말했어요.

"할머니, 저도 갈래요. 옥수수 따 보고 싶어요."

"그럴랴? 우리 강아지, 그럼 할미랑 옥수수 따러 가자꾸나."

할머니는 은찬이에게도 모자를 씌워 주었어요.

"은찬아! 수염이 요래, 애기 머리털처럼 보

들보들한 건 덜 익은 거고,
요래 바짝 말라비틀어진 건 잘 익은
겨. 잘 익은 것만 골라 따야 햐. 알겠지?"

할머니는 손으로 옥수수를 가리키며 설명했어요.

"예, 할머니! 이건 따도 되지요?"

은찬이는 수염이 바짝 말라 갈색으로 변한 옥수수를 가리켰어요.

"우리 강아지, 참말 똑똑하기도 하지. 한 번 가르쳐 주니께 금방 아네."

우지끈, 뚝! 은찬이가 할머니를 따라 옥수수를 아래로 꺾은 뒤 비틀었어요. 그러자 팔뚝만 한 옥수수가 뚝 끊어졌어요.

은찬이는 얼굴에서 땀방울이 뚝뚝 떨어지는데도 신이 났어요.

은찬이는 할머니와 함께 토마토와 가지도 땄어요. 가지는 참기름을 발라 놓은 듯 윤기가 자르르 흐르고, 토마토는 탱탱 볼처럼 땡글땡글했어요.

"우리 손자 올 걸 알고 토마토도 빨갛게 잘 익었네."

"할머니, 토마토는 제가 딸게요. 빨갛게 익은 것만 따면 되지요?"

"그럼. 시장에서 파는 건 파란 걸 따서 익힌 거라 맛이 없어. 밭에서 푹 익어야 맛있재."

옥수수를 담은 자루도 불룩하고, 바구니도 여러 가지 야채로 수북해졌어요.

"무거운 옥수수 자루는 할미가 들고 갈 테니께, 은찬이 넌 바구니나 들어라."

할머니가 은찬이에게 바구니를 건네며 말했어요.

"아니에요. 할머니가 바구니 드세요. 제가 옥수수 자루를 들게요."

은찬이가 옥수수 자루를 어깨에 둘러멨어요.

"무거운디, 이리 줘. 할미가 들고 가게."

"할머니는 맨날 힘들게 일하시잖아요. 제가 메고 갈게요."

"아이고! 우리 손자, 착하고 기특하기도 하지. 누굴 닮아 이렇게 속이 깊누?"

할머니가 흐뭇한 눈으로 은찬이를 바라보며 웃었어요.

옥수수 자루는 생각보다 훨씬 무거웠어요. 은찬이는 몇 번이나 바닥에 내려놓았다가 다시 멨어요.

집에 도착했을 때는 온몸이 땀범벅이 되었어요. 그런데도 기분이 좋았어요. 땀방울이 마치 잘했다는 칭찬처럼 느껴졌어요.

은찬이는 학교에서 칭찬 스티커를 받았을 때보다 백 배는 더 기분이 좋았어요.

힘찬이로 변신

할머니 댁에 온 지 벌써 두 주가 넘었어요. 은찬이는 하루 종일 놀아도 할머니가 잔소리를 하지 않으니 천국에 온 것 같았지요.

은찬이는 뒹굴뒹굴하며 텔레비전도 보고, 할머니와 밭에도 가고, 개울에서 물놀이도 했어요. 그러다 심심하면 방학 숙제도 하고 일기도 썼지요. 아무도 잔소리를 하지 않으니까 신기하게 스스로 하고 싶단 생각이 들지 뭐예요!

그리고 하나 더, 누가 깨우지 않아도 아침 일찍 눈이 떠지는

거예요. 새벽 다섯 시에 할머니가 일어나시면, 은찬이도 여섯 시쯤 깨어났어요. 은찬이가 일어나면 할머니가 아주 장한 일이라도 했다는 듯 머리를 쓰다듬어 주었어요.

"우리 강아지, 벌써 일어난 겨? 더 자지 그랴."

"할머니, 신기해요. 집에서는 일어나기 힘들었는데 여기서는 저절로 눈이 떠져요."

"마음의 짐이 눈꺼풀도 누르고, 어깨도 누르고, 팔다리도 무겁게 하는 겨. 우리 강아지, 얼마나 짐이 무거웠으면……. 쯧쯧!"

할머니가 안쓰러운 눈으로 은찬이를 바라보았어요.

점심 무렵이 되어 주룩주룩 비가 쏟아졌어요.

"은찬아! 비도 오는데 할미가 부침개 부쳐 주랴?"

"네, 할머니! 할머니가 만드신 부침개 먹고 싶어요."

은찬이 말이 떨어지기 무섭게 할머니는 커다란 양푼에 밀가루를 반죽했어요. 반죽에 부추, 감자, 호박, 양파, 고추 등 야채를 썰어 넣었어요. 은찬이는 야채를 보자 좋은 생각이 떠올랐어요.

"할머니! 제가 할머니를 위해서 아주 특별한 전을 만들어 드릴게요."

"어이구! 우리 손자가 만드는 전 좀 구경해 볼까?"

은찬이는 칼로 조심조심 양파를 썬 뒤, 한 겹씩 떼어 내 동그라미 모양 양파를 접시에 올려놓았어요. 그 다음에는 호박을 동그랗게 썬 뒤 가운데를 동전만큼 도려냈지요. 감자도 같은 크기로 자르고, 마지막으로 빨간 고추도 얇게 썰었어요.

은찬이는 프라이팬에 재료를 큰 것부터 차례차례 넣었어요.

"커다란 하늘 안에 둥근 해, 그리고 이건 달, 이건 별!"

양파는 하늘, 호박은 해, 감자는 달, 고추는 별이 되었어요. 은찬이는 재료 위에 부침개 반죽을 소르르 부었어요.

"세상에! 전 하나에 우주가 들어 있네. 우리 은찬이는 나중에 큰사람이 될 겨."

할머니의 칭찬에 은찬이는 어깨가 으쓱했어요. 할머니는 하나부터 열까지, 은찬이가 하는 일이라면 뭐든지 다 칭찬했어요.

프라이팬 위에서 전이 지글지글! 얼마 뒤 노릇노릇한 전이 완성되었어요.

"할머니, 우주 전 완성이에요. 드셔 보세요."

은찬이는 양념간장을 살짝 찍어 할머니께 드렸어요.

"아이고, 맛나라! 이 세상에서 손자가 만든 우주 전을 맛본 사람은 이 할미밖에 없을 겨."

할머니 얼굴에 웃음꽃이 피었어요. 할머니가 좋아하는 모습을 보니 은찬이도 기뻤어요. 만약 엄마라면 쓸데없는 데 신경 쓰지 말고 공부나 하라고 했을 거예요.

은찬이는 우주 전, 로켓 전, 눈사람 전 등 갖가지 전을 부쳤어요. 할머니 칭찬 때문일까요? 새롭고 재미있는 생각들이 샘물처럼 퐁퐁 솟아나지 뭐예요?

"할머니, 저 나중에 크면 요리사 될까요? 요리하는 게 재미있어요. 재미난 생각이 술술 떠오르고, 가슴도 콩콩 뛰어요."

"좋지. 우리 은찬이는 이 세상 누구와도 비교할 수 없는 아주 특별한 요리사가 될 겨."

할머니는 엄지손가락을 번쩍 올리며 말했어요.

"제가 나중에 유명한 요리사가 되면 할머니를 첫 번째로 초대할 거예요."

"호호호! 고맙기도 해라. 우리 손자 덕분에 할미가 호강하게 생겼네."

은찬이는 상상만 해도 기분이 좋았어요.

"그런데 엄마 아빠에게 얘기하면 남자가 무슨 요리사냐고 할 걸요?"

"그건 너한테 달렸어. 네가 진짜 요리사가 되고 싶으믄, 먼저 엄마 아빠한테 너에 대한 믿음을 심어 줘야 혀. 네가 공부하기 싫어서 그냥 하는 소리가 아니란 걸 보여 주란 말이여."

"정말요? 어떻게 하면 믿음을 줄 수 있어요, 할머니?"

은찬이는 귀가 솔깃했어요.

"그건 아주 간단햐. 요리 말고 다른 것도 열심히 하는 겨. 그럼 네가 뭘 한다고 해도 널 믿을 겨."

"할머니는 그런 걸 어떻게 다 아세요?"

"할미가 삼촌이랑 고모들 일곱 명이나 키웠자녀. 할미 머리가 왜 이렇게 하얀 줄 알어? 요기에 눈부신 지혜가 잔뜩 들어서 그런 겨."

할머니가 눈웃음을 지으며 말했어요. 할머니 얘기를 듣고 보니 할머니의 흰머리가 보석처럼 반짝반짝 빛나는 것 같았어요.

꿈같은 한 달이 흘러갔어요. 은찬이는 할머니와 아쉽게 작별 인사를 하고 집으로 돌아왔어요.

엄마 아빠는 검게 그을린 은찬이 얼굴을 보고 깜짝 놀랐어

요. 통통해진 몸과 볼살에 또 한 번 눈이 휘둥그레졌지요. 키가 몰라보게 자랐다며 입을 딱 벌렸고요.

그런데 엄마 아빠가 진짜 놀란 건 다음 날이었어요. 은찬이는 시골에서처럼 새벽에 눈을 번쩍 떴지요. 시계를 보니 여섯 시였어요.

"아빠! 자전거 타러 가요."

은찬이는 아빠를 흔들어 깨웠어요. 부스스한 얼굴로 눈을 뜬 엄마 아빠는 깜짝 놀라 서로를 바라보았어요.

"얼른요! 자전거 타러 가자니까요."

"그, 그래. 알았어."

아빠는 욕실로 가면서도 이상하다는 듯이 고개를 갸웃거렸어요.

은찬이는 자전거를 타고 와서도 엄마가 아침상 차리는 걸 도왔어요.

"엄마, 할머니 집에 요술 방망이라도 있는 거 아냐? 귀찬이가 어떻게 힘찬이가 돼서 왔지?"

은수 누나가 눈을 동그랗게 뜨고 말했어요.

"그러게. 그런데 얼마나 오래갈지 모르지."

엄마는 기뻐하면서도 한편으로는 마음이 놓이지 않는 눈치였어요.

"엄마, 내기해. 한 달 동안 힘찬이가 되면, 학원 한 개 끊고 대신 내가 하고 싶은 것 들어주기!"

"그래, 약속할게. 한 달 동안 지금처럼만 하면……."

"야호, 신 난다! 약속 꼭 지켜야 돼요."

은찬이는 피아노 학원 대신 요리 학원에 다니고 싶었어요. 그러려면 할머니 말씀대로 엄마 아빠에게 먼저 믿음을 줘야겠지요?

그런데 은수 누나 말대로 할머니가 진짜 요술 방망이를 휘둘렀나 봐요. 학교생활도 아주 즐거워졌거든요.

은찬이는 발표도 많이 하고 밥 먹기, 글씨 쓰기 등 모든 게 빨라졌어요. 이제 친구들도 은찬이를 나무늘보, 거북, 투명 인간, 굼벵이라고 부르지 않아요. 은찬이와 같은 모둠이 되어도 투덜거리지도 않고요.

　청소 시간, 칠판 정리를 하고 있는데 칠판 옆에 붙은 '우리들의 꿈나무'가 은찬이 눈에 띄었어요. 은찬이는 선생님에게 새 나뭇잎을 달라고 했어요. 그리고 '주차 요금 받는 사람' 대신 '요리사'라고 새 꿈을 또박또박 적었어요. '노력해야 할 것'에는 '엄마 요리할 때 도와 드리기', '텔레비전 요리 프로그램 보기'를 써 넣었고요.

"은찬이, 방학 때 신기한 요술 나라에라도 다녀왔니? 어쩜 그렇게 달라졌어?"

　선생님이 환하게 웃으며 은찬이 머리를 쓰다듬었어요.

"나은찬! 이따 같이 축구하자."

　수업이 끝나자 남자아이들이 은찬이에게 우르르 몰려와 말했어요.

"그래, 좋아!"

　친구들과 축구를 하며 뛰노니 땀은 났지만 기분이 좋았어요.

　집으로 돌아가는 길! 많이 뛰어 다리가 아픈데도 이상하게

발걸음은 더 가벼웠어요. 하늘을 올려다보니 흰 구름이 두둥실 떠가고 있었어요. 흰 구름이 마치 지혜가 가득 들어 하얗게 빛나는 할머니의 머리카락 같았어요.

"할머니, 고맙습니다! 귀찬이를 힘찬이로 만들어 주셔서요."

은찬이는 흰 구름을 보며 큰 소리로 외쳤어요.

|부록|

느림보 은찬이, 활기찬 토끼 되다!

- 나의 무기력 지수 테스트
- 활기찬 아이로 거듭나는 10가지 습관
- 10년 후에는 어떤 직업이 유망할까?

【 나의 무기력 지수 테스트 】

나는 과연 귀찬이일까, 힘찬이일까? 평소 나의 모습을 찬찬히 떠올리며 나에게 해당하는 번호에 표시해 보세요. 이 테스트를 통해 나를 되돌아보는 기회를 얻게 될 거예요.

1. 친구와 노는 것보다 집에 혼자 있고 싶다. ☐
2. 움직이는 게 귀찮고 싫다. ☐
3. 학교 숙제를 늘 엄마가 도와줘야 한다. ☐
4. 나는 어차피 해도 안 된다는 생각을 많이 한다. ☐
5. 짜증을 많이 낸다. ☐
6. '몰라' '싫어'란 말을 자주 쓴다. ☐
7. 하고 싶은 게 별로 없다. ☐
8. 수업 시간에 집중을 못하고 멍하게 있는 시간이 많다. ☐
9. 밥 먹기, 씻기, 옷 입기 등 모든 일을 느릿느릿하게 한다. ☐
10. 뭔가를 결정하는 게 어려워 결정을 다른 사람에게 미룬다. ☐

 테스트 결과

0~3개

활기찬 힘찬이에요. 자신감도 있고 친구들과 어울리는 것도 좋아하지요. 지금처럼 자신과 친구를 사랑하고 모든 일을 적극적으로 하세요.

4~7개

귀찮이가 될 가능성이 높아요. 모든 일이 귀찮을 때는 푹 쉬는 것도 중요하지만 그 시간이 길어져 혼자가 되지 않도록 주의하세요. 좀 더 활기차게 생활하도록 노력해 봐요.

8~10개

도움이 필요한 귀찮이에요. 모든 일에 의욕이 없어서 사는 게 재미없고 친구가 없을지도 몰라요. 이럴 땐 부모님과 선생님께 도와 달라고 부탁하세요. 이렇게 이야기하는 것 자체가 어렵겠지만 용기를 내 보세요.

【활기찬 아이로 거듭나는 10가지 습관】

어떻게 하면 은찬이처럼 무기력감을 떨쳐내고 힘찬이가 될 수 있을까요? 사실 하루아침에 변하기란 쉽지 않아요. 큰 목표를 세우지 말고 아주 작은 것부터 바꾸도록 노력해 보세요.

1. 계획표를 느슨하게 짜서 규칙적으로 생활해요.

2. '몰라, 싫어' 같은 부정적인 말 대신 '알았어, 좋아, 고마워'라는 긍정적인 말을 해 봐요.

3. 운동, 음식, 텔레비전 등 내가 조금이라도 관심이 가는 것을 떠올려요.

4. 칭찬 노트를 만들어 하루에 세 가지씩 내가 잘한 일을 적어요.

5. 식사 메뉴 같은 아주 작은 것부터 내가 결정하는 습관을 들여요.

6. 혼자 공상하는 시간을 줄이고 밖으로 나가 친구와 어울려요.

7. 어릴 적 내가 멋지게 해낸 일을 생각하며 자신감을 북돋아요.

8. 낮잠을 줄이고 밤에 푹 자요.

9. 주말에는 근처 공원이라도 산책하며 햇빛을 쐬어요.

10. 짜증이 나면 음악을 듣거나 운동을 하는 등 자기가 좋아하는 것을 하며 스트레스를 풀어요.

〖 10년 후에는 어떤 직업이 유망할까? 〗

요즘에는 초등학생들의 장래 희망 1순위가 연예인이라지요? 2위와 3위는 공무원과 운동선수이고요. 하지만 직업의 세계는 정말 끝도 없이 다양하답니다. 그렇다면 10년 후 유망 직업에는 무엇이 있을까요?

기후 변화 경찰 지구 온난화가 빠르게 진행되면서 세계 여러 나라에서 기후를 조절하는 기술을 개발하고 있어요. 기후 변화 경찰은 비와 물의 흐름 등 지역 사이에 기후 때문에 일어날 갈등을 조절한답니다.

SNS 보안 전문가 트위터, 페이스북 등의 SNS는 자신의 의견이나 정보를 아주 빠르게 다른 사람에게 전달할 수 있어요. 하지만 자신의 정보를 원치 않는 사람에게 보여 줄 수도 있답니다. SNS 보안 전문가는 정보를 공유할 때 개인 정보와 사생활을 보호하는 역할을 해요.

로봇 감성 치료 전문가 사람과 똑같이 행동하고 느끼는 안드로이드 로봇, 여러분도 만화나 영화에서 많이 봤죠? 스스로 판단하는 능력을 갖게 된 로봇은 자기의 감정에 혼란을 느낄 수 있어요. 이런 로봇을 치료하는 사람이에요.

국제회의 전문가 여러 나라 대표들이 모여 국제 문제를 토의하고 결정하는 국제회의나 전시회, 학술회를 기획하고 진행하며 홍보하는 일이에요. 외국어 실력이 뛰어나야겠죠?

꿈을 갖고 키우게 도와주는 책
난 꿈이 없는걸

초판 1쇄 발행 2013년 12월 5일 **초판 15쇄 발행** 2022년 5월 25일

글 오미경 **그림** 이효실
펴낸이 이승현

편집3 본부장 최순영
교양 학습 팀장 김솔미 **편집** 윤지현
키즈 디자인 팀장 이수현 **디자인** 오세라

펴낸곳 ㈜위즈덤하우스 **출판등록** 2000년 5월 23일 제13-1071호
제조국 대한민국 **주소** 서울특별시 마포구 양화로 19 합정오피스빌딩 17층
전화 02)2179-5600 **홈페이지** www.wisdomhouse.co.kr **전자우편** kids@wisdomhouse.co.kr

ⓒ오미경, 2013
ISBN 978-89-6247-400-8 74810
ISBN 978-89-92010-33-7 (세트)

* 이 책의 전부 또는 일부 내용을 재사용하려면 반드시 사전에 저작권자와 ㈜위즈덤하우스의 동의를 받아야 합니다.
* 인쇄·제작 및 유통상의 파본 도서는 구입하신 서점에서 바꿔드립니다.
* 책값은 뒤표지에 있습니다.
* 이 책의 사용 연령은 8~13세입니다.